MARVEL

Avengers

DE LA TERRE VERS L'INFINI

SUPER AVENTURE

hachette JEUNESSE

PRÉSENTATION DES PERSONNAGES

LES SUPER-HÉROS

TONY STARK
ALIAS
IRON MAN

STEVE ROGERS
ALIAS
CAPTAIN AMERICA

NATASHA ROMANOFF
ALIAS
BLACK WIDOW

BRUCE BANNER
ALIAS
HULK
CLINT BARTON
ALIAS
HAWKEYE
THOR
LES VILAINS
LOKI
THANOS

POUR LA PLUPART D'ENTRE NOUS, L'EXISTENCE EST DÉFINIE PAR NOS ACTIVITÉS QUOTIDIENNES, NOS DÉPLACEMENTS ET LES RELATIONS QUE NOUS ENTRETENONS LES UNS AVEC LES AUTRES. MAIS POUR D'AUTRES, LA VIE EST BIEN DIFFÉRENTE DE LA NÔTRE. IL EXISTE EN EFFET DANS CE MONDE DES ÊTRES AUX POUVOIRS PHÉNOMÉNAUX.
MIDTOWN
TAXI
212-555-
TAXI

5TH
34TH ST.
CERTAINS, COMME LES *VILAINS,* SÈMENT LE CHAOS AUTOUR D'EUX ET RECHERCHENT LA DESTRUCTION AVANT TOUT. TANDIS QUE LES *SUPER-HÉROS,* SONT LÀ POUR SE DRESSER CONTRE CEUX QUI NOUS MENACENT.
CES SUPER-HÉROS UTILISENT LEURS POUVOIRS POUR PRÉSERVER LA PAIX ET NOUS PERMETTRE DE VIVRE EN SÉCURITÉ.

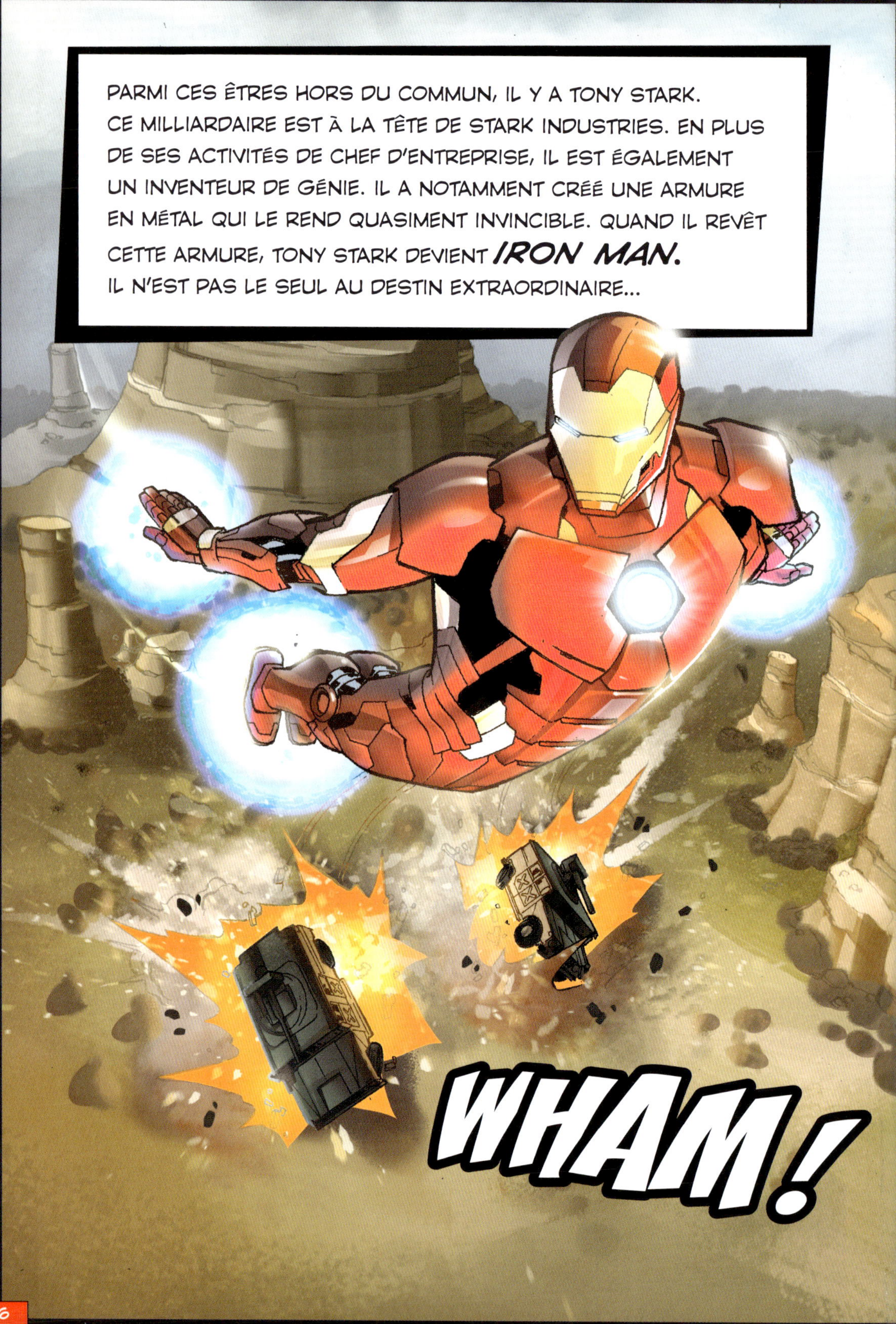
PARMI CES ÊTRES HORS DU COMMUN, IL Y A TONY STARK. CE MILLIARDAIRE EST À LA TÊTE DE STARK INDUSTRIES. EN PLUS DE SES ACTIVITÉS DE CHEF D'ENTREPRISE, IL EST ÉGALEMENT UN INVENTEUR DE GÉNIE. IL A NOTAMMENT CRÉÉ UNE ARMURE EN MÉTAL QUI LE REND QUASIMENT INVINCIBLE. QUAND IL REVÊT CETTE ARMURE, TONY STARK DEVIENT *IRON MAN.*
IL N'EST PAS LE SEUL AU DESTIN EXTRAORDINAIRE...
WHAM !

VOICI À PRÉSENT STEVE ROGERS. ENFANT, IL A TOUJOURS ÉTÉ LE PLUS PETIT DE SA CLASSE. UNE FOIS ADULTE, IL EST ENTRÉ DANS L'ARMÉE POUR SERVIR SON PAYS. SA DÉTERMINATION ÉTAIT TELLE QU'IL A ÉTÉ SÉLECTIONNÉ POUR PARTICIPER À UN PROJET TOP-SECRET. STEVE A REÇU UN SÉRUM QUI L'A CHANGÉ EN SUPER SOLDAT. DÉSORMAIS, IL SE FAIT APPELER CAPTAIN AMERICA.
CRASH !

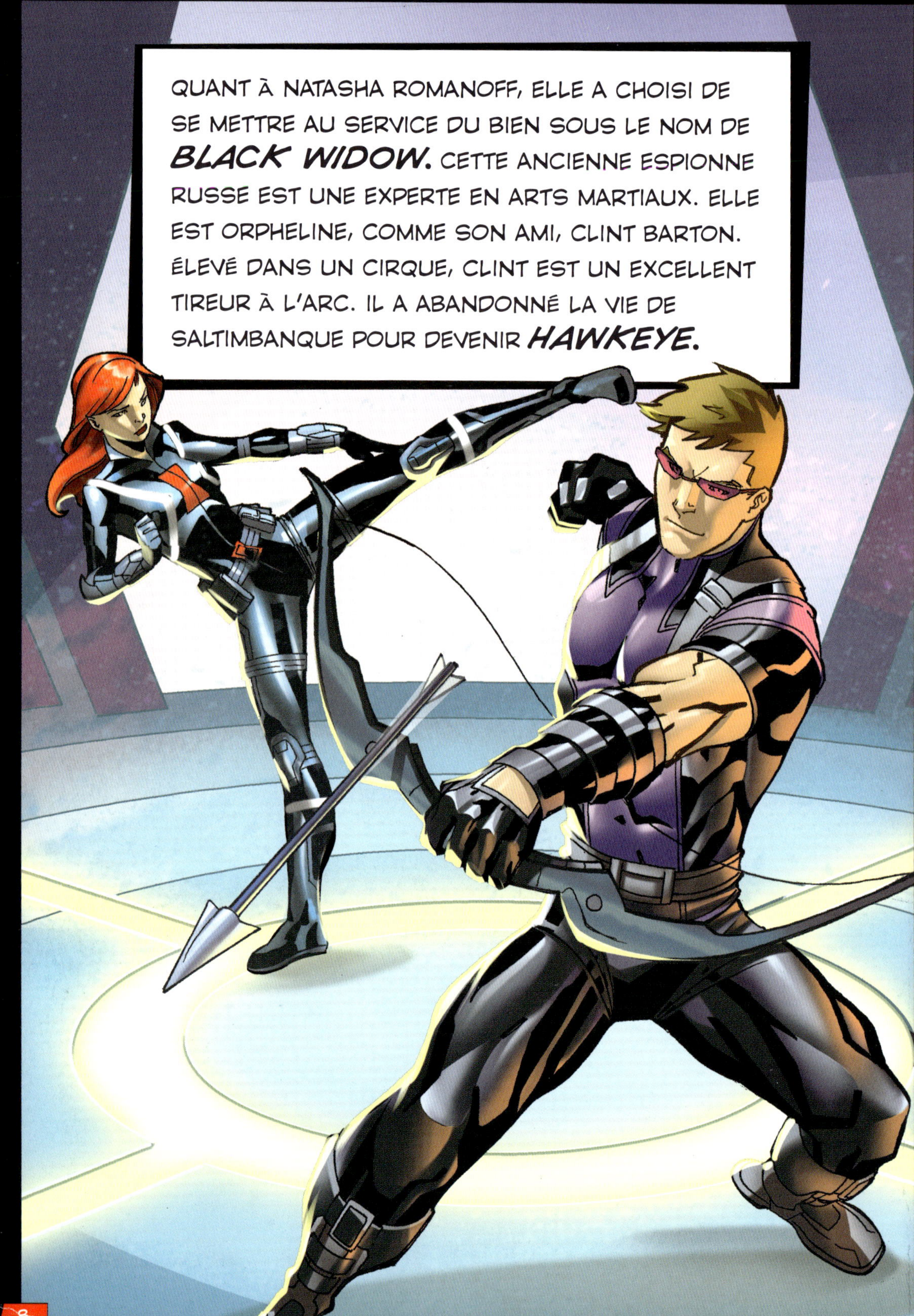
QUANT À NATASHA ROMANOFF, ELLE A CHOISI DE SE METTRE AU SERVICE DU BIEN SOUS LE NOM DE BLACK WIDOW. CETTE ANCIENNE ESPIONNE RUSSE EST UNE EXPERTE EN ARTS MARTIAUX. ELLE EST ORPHELINE, COMME SON AMI, CLINT BARTON. ÉLEVÉ DANS UN CIRQUE, CLINT EST UN EXCELLENT TIREUR À L'ARC. IL A ABANDONNÉ LA VIE DE SALTIMBANQUE POUR DEVENIR HAWKEYE.

UN AUTRE SUPER-HÉROS S'APPELLE BRUCE BANNER. CE TALENTUEUX PHYSICIEN A TRAVAILLÉ POUR L'ARMÉE, OÙ IL ÉTUDIAIT LE RAYONNEMENT GAMMA. HÉLAS, LORS D'UNE EXPÉRIENCE QUI A MAL TOURNÉ, LE DOCTEUR BANNER A ÉTÉ ACCIDENTELLEMENT IRRADIÉ PAR LES RAYONS GAMMA. DEPUIS, LORSQU'IL A PEUR OU QU'IL SE MET EN COLÈRE, IL SE TRANSFORME EN UN GÉANT VERT APPELÉ HULK.
GRRRR !

POW !
LOIN DE LA TERRE VIT UN AUTRE SUPER-HÉROS. ***THOR*** EST UN DIEU PUISSANT QUI PROTÈGE LE ROYAUME D'ASGARD. SON PÈRE, ODIN, EN EST LE SOUVERAIN. IL A OFFERT À SON FILS UN MARTEAU MAGIQUE QUI NE PEUT ÊTRE MANIPULÉ QUE PAR UN ÊTRE HÉROÏQUE. AU TERME D'UN LONG APPRENTISSAGE, THOR S'EST MONTRÉ DIGNE DU MARTEAU ET A ÉTÉ CAPABLE DE LE SOULEVER.

CEPENDANT, L'EXPLOIT DE THOR A PROVOQUÉ UNE INCONTRÔLABLE JALOUSIE CHEZ LOKI, SON FRÈRE. LOKI RÊVAIT DE S'EMPARER DU TRÔNE D'ASGARD MAIS C'EST THOR QUI A ÉTÉ DÉSIGNÉ PAR LEUR PÈRE POUR RÉGNER. ALORS LOKI A ÉCHAFAUDÉ UN PLAN. POUR VAINCRE SON FRÈRE, IL UTILISE SES POUVOIRS AFIN D'EXPLORER L'UNIVERS. AINSI, IL ESPÈRE TROUVER UN ÊTRE DONT LA FORCE ÉGALERA CELLE DE THOR ET QUI POURRA L'ANÉANTIR !

LES RECHERCHES DE LOKI L'ONT CONDUIT SUR TERRE, DANS LA PETITE VILLE OÙ VIT BRUCE BANNER. LE VILAIN REPÈRE AUSSITÔT ***LA PUISSANCE*** DE HULK ET DÉCIDE DE LE MANIPULER POUR FAIRE SUPPRIMER SON FRÈRE. IL COMMENCE PAR CRÉER L'ILLUSION D'UN RAIL CASSÉ SUR UNE VOIE FERRÉE ALORS QU'UN TRAIN S'APPROCHE À GRANDE VITESSE. CROYANT À UN ACCIDENT IMMINENT, BRUCE EST PRIS DE PANIQUE !

IL SE TRANSFORME EN HULK ET SOULÈVE LE TRAIN DU SOL. C'EST EXACTEMENT CE QUE VOULAIT LOKI, CAR LES PASSAGERS, EUX, VOIENT BIEN QUE LES RAILS SONT INTACTS. ILS CROIENT À UNE ATTAQUE DU GÉANT VERT ! TERRIFIÉS, ILS PRENNENT LA FUITE TANDIS QUE LES JOURNALISTES ET LA POLICE SE PRESSENT AUTOUR DE CELUI QU'ILS PRENNENT POUR UN MONSTRE.

ALERTÉS PAR LES MÉDIAS, LES SUPER-HÉROS SE RENDENT SUR LES LIEUX. CAPTAIN AMERICA, IRON MAN, BLACK WIDOW, HAWKEYE ET THOR PRÊTENT MAIN FORTE AUX SECOURS. ILS ÉVACUENT LES PASSAGERS TRAUMATISÉS TANDIS QUE LES POLICIERS ENCERCLENT HULK ET CHERCHENT À MAÎTRISER LE GÉANT DONT LA PEUR ACCROÎT LA RAGE :

– HULK, CALME-TOI ! REPOSE CE WAGON.

DE SON CÔTÉ, LOKI SE RÉJOUIT. COMME IL S'Y ATTENDAIT, SON FRÈRE S'EST PRÉCIPITÉ À LA RESCOUSSE DE CES FAIBLES HUMAINS QU'IL SEMBLE TANT APPRÉCIER. POUR NE RIEN GÂCHER, THOR N'EST PAS VENU SEUL. LOKI VA POUVOIR SUPPRIMER PLUSIEURS SUPER-HÉROS PAR LA MÊME OCCASION ! IL SAVOURE DÉJÀ SON TRIOMPHE.

HULK EST TELLEMENT EFFRAYÉ QU'IL NE MAÎTRISE PLUS SA FORCE. HAWKEYE ET BLACK WIDOW TENTENT DE LE CALMER, MAIS IL LES ENVOIE VOLER DANS LES AIRS. PUIS IL BRISE LE BOUCLIER DE CAPTAIN AMERICA QUI TENTE DE S'INTERPOSER. QUANT AUX RÉPULSEURS EXPLOSIFS D'IRON MAN, ILS N'ONT AUCUN EFFET SUR LE GÉANT VERT. ENFIN, IL JETTE THOR AU SOL ALORS QUE CE DERNIER ESSAYAIT DE LE NEUTRALISER.
BAM !

À CET INSTANT, LOKI EXULTE. ENFIN, SON FRÈRE EST VAINCU ! IMPATIENT DE VOIR HULK LE FRACASSER D'UN COUP DE POING, IL CESSE D'ÊTRE INVISIBLE ET APPARAÎT SOUS LES YEUX STUPÉFAITS DES SUPER-HÉROS.

– J'AI GAGNÉ, THOR ! CRACHE-T-IL AVEC MÉPRIS TOUT EN CONTEMPLANT SON FRÈRE À TERRE.

AUSSITÔT, THOR COMPREND : C'EST LOKI LE VRAI COUPABLE !

LES AUTRES SUPER-HÉROS AUSSI L'ONT COMPRIS. ILS S'ATTAQUENT À LOKI, QUI REDEVIENT INVISIBLE. ALORS IRON MAN LUI ENVOIE UN MINI-MISSILE DÉTECTEUR DE CHALEUR ET RÉVÈLE LA POSITION DU TRAÎTRE. GRÂCE À CETTE ASTUCE, HULK L'ATTRAPE ET LE TERRASSE, SOUS LES ACCLAMATIONS DES SUPER-HÉROS :

– BRAVO LE GÉANT VERT ! TU L'AS BIEN EU.

CET EXPLOIT N'EST PAS PASSÉ INAPERÇU...
NICK FURY, LE PATRON DU S.H.I.E.L.D., UNE AGENCE D'ESPIONNAGE, RECRUTE TOUS CES SUPER-HÉROS :
– J'AI BESOIN DE VOUS POUR PROTÉGER LA TERRE ET SES HABITANTS DES MENACES À VENIR.
C'EST AINSI QU'IL LANCE LE PROJET DES AVENGERS.
CHAQUE FOIS QU'IL AURA BESOIN DE SUPER-HÉROS, LES AVENGERS RÉPONDRONT PRÉSENTS !

MAIS AVANT DE COMBATTRE AUX CÔTÉS DE SES COLLÈGUES, THOR DOIT D'ABORD S'OCCUPER DE LOKI. PAS QUESTION QU'IL FASSE À NOUVEAU DU MAL AUX HUMAINS ! C'EST POURQUOI LE DIEU LE RECONDUIT SUR ASGARD, PUIS LE FAIT EMPRISONNER, EN ATTENDANT SON PROCÈS.
– COMME IL TE PLAIRA, MON CHER FRÈRE, RICANE LOKI.
PAF !

– TA PLACE EST DERRIÈRE LES BARREAUX !
ET JE VAIS M'ASSURER QUE TU NE REPRÉSENTES PLUS LE MOINDRE DANGER, EN T'Y METTANT MOI-MÊME.
CEPENDANT, LOKI NE S'AVOUE PAS VAINCU POUR AUTANT. IL N'EST PEUT-ÊTRE PLUS LIBRE DE SES MOUVEMENTS, MAIS SES POUVOIRS LUI PERMETTENT DE MANIPULER LES ESPRITS À DISTANCE, Y COMPRIS SUR UNE AUTRE PLANÈTE QU'ASGARD !

PAF !
EN EFFET, LOKI NOURRIT BEAUCOUP DE RESSENTIMENTS À L'ÉGARD DE HULK, QUI L'A VAINCU. DE PLUS, LE VILAIN A IDENTIFIÉ LES FAIBLESSES DE BRUCE BANNER. IL SAIT QUE LE SCIENTIFIQUE SE LAISSE DÉBORDER PAR SES ÉMOTIONS ET QU'IL NE CONTRÔLE PAS SA TRANSFORMATION EN HULK. ALORS LOKI FERME LES YEUX ET SE CONCENTRE SUR SA CIBLE.

SUR TERRE, BRUCE SE TROUVE SOUDAIN ENCERCLÉ PAR DES GUERRIERS. EN RÉALITÉ, IL EST VICTIME D'UNE ILLUSION CRÉÉE À DISTANCE PAR LOKI. MAIS BRUCE L'IGNORE ET IL PREND PEUR. IL SE TRANSFORME EN HULK POUR REPOUSSER SES ASSAILLANTS IMAGINAIRES ! C'EST EXACTEMENT L'OBJECTIF DE LOKI. CROYANT COMBATTRE CONTRE SES ENNEMIS, HULK SE MET À DÉTRUIRE DES MAISONS ET À EFFRAYER LES PASSANTS.
HIIII !

DÈS QUE NICK FURY APPREND CE QUI SE PASSE,
IL APPELLE LE RESTE DES AVENGERS POUR ARRÊTER
HULK ET COMPRENDRE L'ORIGINE DE SA FOLIE
DESTRUCTRICE :

– *AVENGERS, RASSEMBLEMENT !*

SUR ASGARD, THOR REÇOIT ÉGALEMENT
LA CONVOCATION DU S.H.I.E.L.D.
SANS PERDRE UN INSTANT, IL EN INFORME SON FRÈRE :
– ON A ENCORE BESOIN DE MOI SUR LA TERRE.

POUR FAIRE TAIRE LES RICANEMENTS
DE LOKI, LE SUPER-HÉROS AJOUTE :
– NE T'INQUIÈTE PAS, JE SERAI
DE RETOUR POUR TON PROCÈS !
EMPOIGNANT SON MARTEAU, THOR
SE PRÉCIPITE VERS BIFROST, LE PONT
QUI PERMET AUX HABITANTS D'ASGARD
DE REJOINDRE LA TERRE. IL EST
INQUIET POUR SON NOUVEL AMI, HULK,
ET IL ESPÈRE QU'AVEC LES AVENGERS,
ILS POURRONT L'AIDER.

PENDANT CE TEMPS, IRON MAN, CAPTAIN AMERICA, BLACK WIDOW ET HAWKEYE ONT INTERROMPU LEUR SÉANCE D'ENTRAÎNEMENT POUR SE RENDRE SUR LES LIEUX DE L'ATTAQUE DE HULK. LE S.H.I.E.L.D. A MIS À LEUR DISPOSITION UN QUINJET, UN AVION ULTRA-RAPIDE QUI LEUR PERMET DE REJOINDRE LEUR AMI AVANT QU'IL NE FASSE TROP DE DÉGÂTS.

BOUM !
UNE FOIS SUR PLACE, IRON MAN COMMENCE PAR RASSURER LES HABITANTS DU VILLAGE ATTAQUÉ PAR HULK.
– NE VOUS INQUIÉTEZ PAS, LEUR DÉCLARE-T-IL. NOUS SOMMES ICI POUR VOUS AIDER. POURRIEZ-VOUS ME DIRE OÙ SE TROUVE LE GÉANT VERT ?
GRÂCE AUX INDICATIONS DES HABITANTS, LES AVENGERS RETROUVENT RAPIDEMENT SA TRACE.

À CE MOMENT-LÀ, THOR REJOINT LE VILLAGE. DEPUIS SA CELLULE, LOKI VOIT TOUT. IL EN PROFITE ALORS POUR FAIRE APPARAÎTRE UNE ILLUSION DE HULK QUI SE JETTE SAUVAGEMENT SUR THOR. LE GUERRIER D'ASGARD S'ÉCARTE PROMPTEMENT ET TENTE DE RAISONNER LE FAUX HULK :

– ***C'EST MOI, THOR !*** S'EXCLAME-T-IL. SOUVIENS-TOI, JE SUIS TON AMI !

LE FAUX HULK CRÉÉ PAR LOKI L'IGNORE ET FONCE À NOUVEAU SUR LUI.

KLON !
OBLIGÉ DE SE DÉFENDRE, THOR LANCE SON MARTEAU DANS LES JAMBES DU GÉANT POUR LE FAIRE TRÉBUCHER. MAIS À SON GRAND ÉTONNEMENT, SON ARME PASSE AU TRAVERS DE HULK !
– C'EST ENCORE UN DE TES VIEUX TOURS, MON FRÈRE, CRIE LE SUPER-HÉROS, FURIEUX. TU NE PERDS RIEN POUR ATTENDRE !
EN UN INSTANT, THOR INVOQUE BIFROST ET RETOURNE SUR ASGARD.

EN PARALLÈLE, LES AUTRES AVENGERS ONT REPÉRÉ LE VÉRITABLE HULK. IL A FUI LE VILLAGE ET À PRÉSENT, IL NE COMPREND PAS POURQUOI SES AMIS L'ENCERCLENT, LEURS ARMES À LA MAIN. LUI VOUDRAIENT-ILS AUSSI DU MAL ?

– CALME-TOI, MON POTE, L'APAISE IRON MAN. ON VEUT QUE PERSONNE NE SOIT BLESSÉ.

LOKI EN PROFITE ALORS POUR LANCER UNE NOUVELLE OFFENSIVE. CETTE FOIS-CI, IL MANIPULE L'ESPRIT D'HAWKEYE.

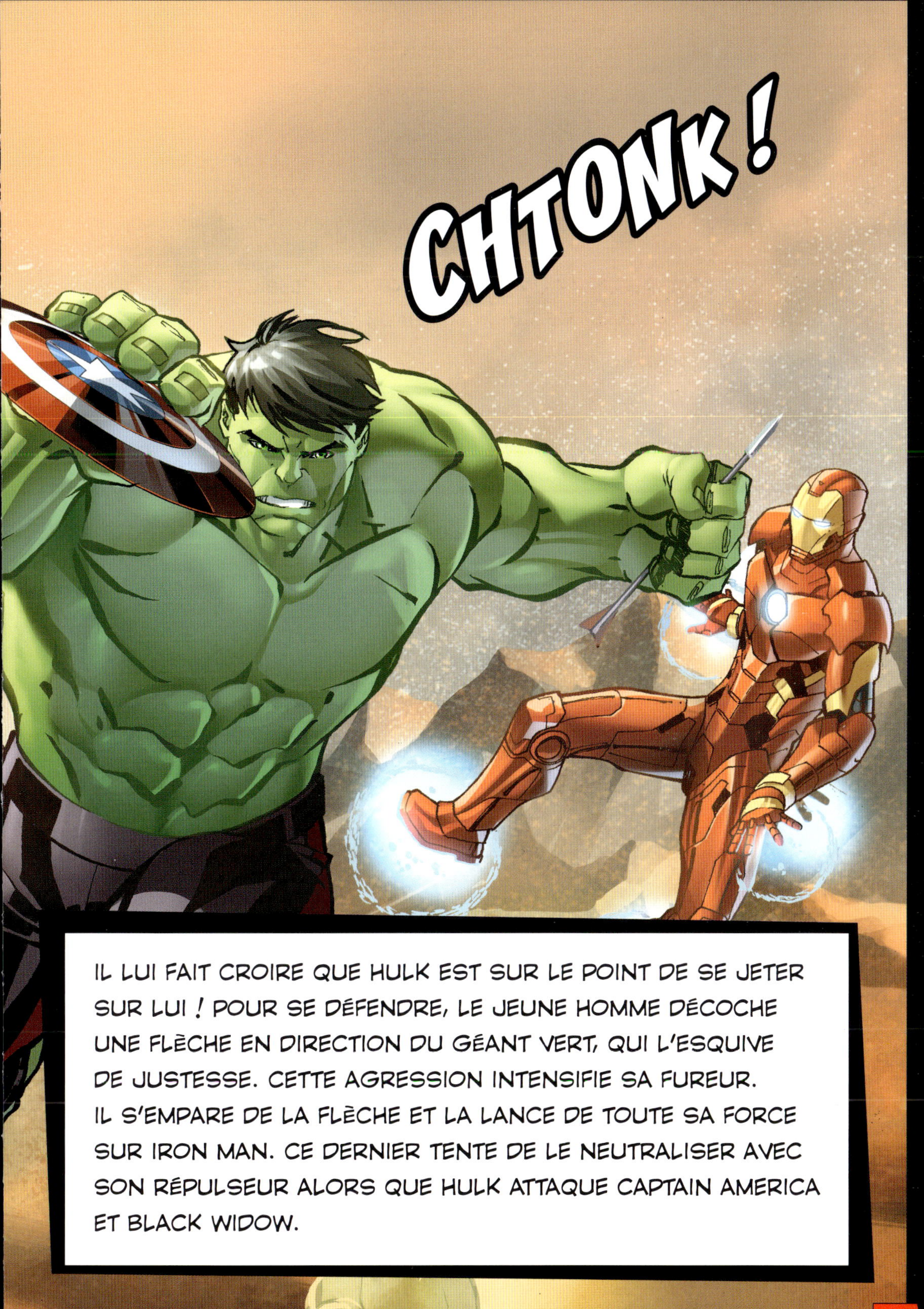

IL LUI FAIT CROIRE QUE HULK EST SUR LE POINT DE SE JETER SUR LUI ! POUR SE DÉFENDRE, LE JEUNE HOMME DÉCOCHE UNE FLÈCHE EN DIRECTION DU GÉANT VERT, QUI L'ESQUIVE DE JUSTESSE. CETTE AGRESSION INTENSIFIE SA FUREUR. IL S'EMPARE DE LA FLÈCHE ET LA LANCE DE TOUTE SA FORCE SUR IRON MAN. CE DERNIER TENTE DE LE NEUTRALISER AVEC SON RÉPULSEUR ALORS QUE HULK ATTAQUE CAPTAIN AMERICA ET BLACK WIDOW.

SUR ASGARD, LOKI EST TELLEMENT ABSORBÉ PAR LE COMBAT QU'IL NE SE REND PAS COMPTE QUE THOR EST DE RETOUR. LE DIEU SAISIT SON FRÈRE ET INTERROMPT LE COMBAT ENTRE HULK ET LE RESTE DES AVENGERS.

– ARRÊTEZ ! LEUR CRIE THOR. C'EST LOKI LE RESPONSABLE !

MAIS LE TRAÎTRE NE S'AVOUE PAS VAINCU : IL FAIT APPARAÎTRE DE NOMBREUSES IMAGES DE LUI-MÊME POUR TROMPER SES ADVERSAIRES.

HULK RÉAGIT EN LANÇANT SON POING À TOUTE VITESSE SUR CHAQUE FAUX LOKI, JUSQU'À CE QUE LE VRAI S'EFFONDRE SOUS LE CHOC.
– PLUS DE TOURS ! HURLE LE GÉANT.
– EN EFFET, C'EST TERMINÉ POUR TOI, AJOUTE THOR. TU RETOURNES EN PRISON, MON FRÈRE !
C'EST AINSI QUE LOKI SE RETROUVE À NOUVEAU ENFERMÉ SUR ASGARD, AVEC UNE SURVEILLANCE RENFORCÉE. THOR, LUI, PEUT FÊTER ***LE RETOUR DE LA PAIX*** AVEC SES AMIS.

MAIS CETTE PÉRIODE D'ACCALMIE EST DE COURTE DURÉE. UN MATIN, LES SUPER-HÉROS REÇOIVENT UN NOUVEL APPEL DE NICK FURY.

— **AVENGERS !** DÉCLARE-T-IL UNE FOIS QU'ILS SONT TOUS RÉUNIS. ON A VOLÉ UNE DES GEMMES DE L'INFINI. ELLES SONT AU NOMBRE DE SIX : PUISSANCE, ESPACE, TEMPS, ESPRIT, ÂME ET RÉALITÉ. CELUI QUI LES POSSÈDE ET QUI SAURA LES MAÎTRISER AURA ALORS ACCÈS À UN POUVOIR PRESQUE ABSOLU !

LES AVENGERS SONT INQUIETS. QUE SE PASSERA-T-IL SI LA GEMME VOLÉE TOMBE DANS DE MAUVAISES MAINS ? NICK FURY CONFIRME LEURS CRAINTES.

– MALHEUREUSEMENT, NOUS SAVONS QUI L'A DÉROBÉE. ***C'EST THANOS, LE TITAN !*** IL A ÉTÉ REPÉRÉ PLUS TÔT DANS CENTRAL PARK. À PRÉSENT, IL POSSÈDE CINQ GEMMES DE L'INFINI ET IL FERA TOUT POUR OBTENIR LA DERNIÈRE !

SANS ATTENDRE, LES AVENGERS SE LANCENT À LA POURSUITE DE THANOS. MAINTENANT QU'IL A AUGMENTÉ SON POUVOIR AVEC UNE NOUVELLE GEMME DE L'INFINI, LE VILAIN N'A PLUS PEUR DE RIEN, NI DE PERSONNE.
IL ATTEND LES SUPER-HÉROS EN CONTEMPLANT SA COLLECTION DE GEMMES. À L'ARRIVÉE DES AVENGERS, IL PLACE LES PIERRES SUR SON GANT, À L'EMPLACEMENT QUI LEUR EST DÉDIÉ.

BAM !
– VOICI LE GANT DE L'INFINI ! S'ÉCRIE-T-IL EN LE MONTRANT À SES ADVERSAIRES. VOUS NE M'ARRÊTEREZ PAS ! PUIS, IVRE DE SA PUISSANCE, THANOS LÈVE SON POING GANTÉ. IL LE POINTE EN DIRECTION DE CAPTAIN AMERICA ET LUI ENVOIE UN FAISCEAU D'ÉNERGIE. HEUREUSEMENT, LE SUPER-HÉROS LÈVE SON BOUCLIER ET RETOURNE LE RAYON SUR THANOS, QUI S'ÉCROULE SOUS LA VIOLENCE DU CHOC.

ÉTANT À TERRE, LES AUTRES AVENGERS EN PROFITENT POUR L'ENCERCLER ET LE VISER DE LEURS ARMES. THANOS SE REDRESSE AVANT D'ÉCLATER DE RIRE.
– JE VOUS AVAIS SOUS-ESTIMÉS, LES AVENGERS, RECONNAÎT-IL. JE VOUS PROMETS QU'ON SE REVERRA TRÈS BIENTÔT !
DANS UN DERNIER RICANEMENT, IL SE TÉLÉPORTE SANS LAISSER LE TEMPS AUX SUPER-HÉROS DE L'ARRÊTER.
MWAHAHA !

APRÈS SA FUITE, LES AVENGERS SE RÉUNISSENT SUR L'HÉLIPORTEUR, LA BASE VOLANTE DU S.H.I.E.L.D., OÙ NICK FURY LES ATTEND.

– NOUS DEVONS TROUVER LA DERNIÈRE GEMME AVANT THANOS, LEUR EXPLIQUE-T-IL.

– ON A REPÉRÉ UN PHÉNOMÈNE ÉNERGÉTIQUE SEMBLABLE À CELUI PRODUIT PAR CES PIERRES DANS LA TOUNDRA ARCTIQUE, LES INFORME IRON MAN. QUI A ENVIE DE FAIRE DU SKI ? AJOUTE-T-IL POUR DÉTENDRE L'ATMOSPHÈRE.

POUR VAINCRE THANOS, LES AVENGERS ONT BESOIN DE TOUS LEURS MEMBRES. THOR EST APPELÉ À LA RESCOUSSE.
IL QUITTE ASGARD ET REJOINT SES AMIS SUR L'HÉLIPORTEUR.
ENSEMBLE, ILS S'ENVOLENT VERS L'ARCTIQUE.
MAIS ILS ARRIVENT TROP TARD ! NICK FURY AVAIT VU JUSTE : THANOS LES A PRÉCÉDÉS ET IL A DÉJÀ TROUVÉ LA DERNIÈRE GEMME.
– ENFIN... ELLES SONT À MOI !

IL VIENT DE L'INSÉRER SUR SON GANT DE L'INFINI.
– QUEL DOMMAGE ! IRONISE-T-IL EN VOYANT S'APPROCHER LES SUPER-HÉROS. VOUS AVEZ MANQUÉ DE RAPIDITÉ SUR CE COUP-LÀ. TANT PIS POUR VOUS, PLUS RIEN NE PEUT M'ARRÊTER À PRÉSENT !
– C'EST CE QUE NOUS ALLONS VOIR, RÉPLIQUE CAPTAIN AMERICA EN LANÇANT SON BOUCLIER SUR THANOS.
BAM !

C'EST AU TOUR DE HULK DE SE LANCER À L'ATTAQUE DU VILAIN. IL MARTÈLE LE SOL GELÉ DE SES POINGS PENDANT QUE THOR JETTE SON MARTEAU DE TOUTES SES FORCES SUR THANOS ET QU'IRON MAN UTILISE SES PROPULSEURS POUR L'ATTAQUER DE L'AUTRE CÔTÉ. AU MÊME MOMENT, BLACK WIDOW TIRE AVEC UNE PRÉCISION REDOUTABLE SUR LE TITAN.

POURTANT, MALGRÉ LES EFFORTS DES AVENGERS, THANOS NE BRONCHE PAS. IL REPOUSSE CHAQUE ASSAUT AVEC UNE FACILITÉ DÉCONCERTANTE. MÊME LA PUISSANTE FLÈCHE MAGIQUE DÉCOCHÉE PAR HAWKEYE N'A AUCUN EFFET SUR LUI. AU CONTRAIRE, LE VILAIN RIPOSTE ET ENVOIE TOUS LES AVENGERS À TERRE :

— ALORS, C'EST TOUT CE DONT VOUS ÊTES CAPABLES ? C'EST TROP FACILE !

IL TERMINE PAR UN FORMIDABLE COUP DE POING POUR ASSOMMER HULK ET DISPARAÎT.

STUPÉFAITS ET MEURTRIS, LES SUPER-HÉROS SONT PERDUS.
– IL EST INVINCIBLE, SE DÉSOLE IRON MAN.
– EFFECTIVEMENT, ADMET CAPTAIN AMERICA. THANOS EST PLUS FORT QUE CHACUN D'ENTRE NOUS. INDIVIDUELLEMENT, IL PEUT TOUS NOUS VAINCRE. MAIS RÉFLÉCHISSIONS… QUE POURRAIT-IL CONTRE NOUS SI NOUS UNISSIONS NOS POUVOIRS ?
D'UN REGARD, LES AVENGERS SE METTENT D'ACCORD.

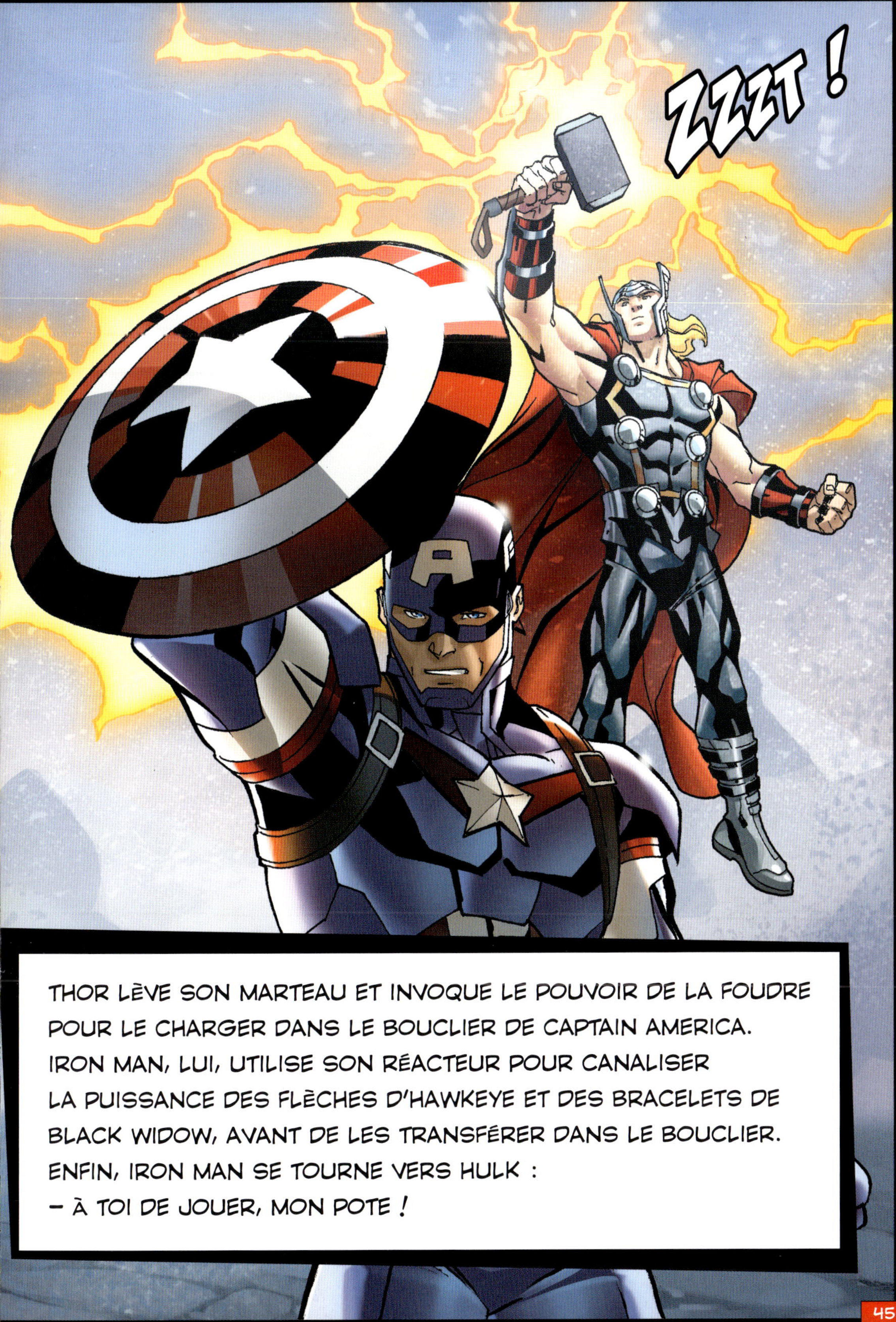
ZZZT !
THOR LÈVE SON MARTEAU ET INVOQUE LE POUVOIR DE LA FOUDRE POUR LE CHARGER DANS LE BOUCLIER DE CAPTAIN AMERICA. IRON MAN, LUI, UTILISE SON RÉACTEUR POUR CANALISER LA PUISSANCE DES FLÈCHES D'HAWKEYE ET DES BRACELETS DE BLACK WIDOW, AVANT DE LES TRANSFÉRER DANS LE BOUCLIER. ENFIN, IRON MAN SE TOURNE VERS HULK :
– À TOI DE JOUER, MON POTE !

MAINTENANT QUE LE BOUCLIER EST CHARGÉ PAR L'ÉNERGIE DE TOUS LES AVENGERS RÉUNIS, HULK S'EN EMPARE. EN QUELQUES FOULÉES, IL RATTRAPE THANOS ET LANCE LE BOUCLIER EN DIRECTION DE SA MAIN. LE GÉANT VERT ATTEINT SA CIBLE : LE GANT DE L'INFINI EXPLOSE, PROJETANT LES GEMMES SUR LE SOL. GRÂCE À SES RAPIDES RÉFLEXES, BLACK WIDOW RAMASSE LES GEMMES AVANT QUE THANOS NE PUISSE LES RÉCUPÉRER.

LES AUTRES ESSAIENT D'ARRÊTER LE VILAIN, MAIS UNE FOIS DE PLUS, IL DISPARAÎT. MÊME S'IL EST ENCORE EN LIBERTÉ, SON POUVOIR EST LIMITÉ SANS SON GANT DE L'INFINI. LES SUPER-HÉROS REMETTENT LES GEMMES AU S.H.I.E.L.D. POUR LES PLACER EN LIEU SÛR. ILS SAVENT QUE THANOS REVIENDRA, MAIS ILS SONT PRÊTS À L'AFFRONTER DE NOUVEAU. ENSEMBLE, ILS SONT
LES SUPER-HÉROS LES PLUS PUISSANTS DE L'UNIVERS !

MARVEL AVENGERS

SUPER AVENTURE

RETROUVE TOUTES LES AVENTURES DE TES HÉROS PRÉFÉRÉS !

MARVEL

RESPONSABLE ÉDITORIALE : JULIETTE DE LAVAUR
ÉDITEUR : CAROLINE KUHN
GRAPHISTE : PAULINE ORTLIEB
FABRICATION : MARINE WIPLIER

ADAPTATION TEXTE : EMMANUELLE CAUSSÉ
MISE EN PAGE : MARTIN BERBERIAN

ÉDITÉ PAR HACHETTE LIVRE – 58 RUE JEAN BLEUZEN, 92178 VANVES
IMPRIMÉ PAR STIGE EN ITALIE – ACHEVÉ D'IMPRIMER : JUILLET 2018
ISBN : 978-2-01-704592-2 – ÉDITION : 01 – DÉPÔT LÉGAL : JUILLET 2018
LOI N°49-956 DU 16 JUILLET 1949 SUR LES PUBLICATIONS
DESTINÉES À LA JEUNESSE.

POUR TOUT RENSEIGNEMENT CONCERNANT NOS PARUTIONS, NOUS CONTACTER
PAR TÉLÉPHONE AU 01 43 92 38 88 OU PAR E-MAIL : DISNEY@HACHETTE-LIVRE.FR

POUR L'ÉDITEUR, LE PRINCIPE EST D'UTILISER DES PAPIERS COMPOSÉS DE FIBRES NATURELLES, RENOUVELABLES, RECYCLABLES ET FABRIQUÉES À PARTIR DE BOIS ISSUS DE FORÊTS QUI ADOPTENT UN SYSTÈME D'AMÉNAGEMENT DURABLE. EN OUTRE, L'ÉDITEUR ATTEND DE SES FOURNISSEURS DE PAPIER QU'ILS S'INSCRIVENT DANS UNE DÉMARCHE DE CERTIFICATION ENVIRONNEMENTALE RECONNUE.